AF316860

ÉTUDE SUR PYTHÉAS,

Par M. l'abbé AOUST,

Professeur à la Faculté des Sciences de Marseille.

Monuments. — Dans le quartier de Marseille où se trouve établie la douane, sur la place de ce nom, existait, il n'y a pas encore bien longtemps, une fontaine sur le sommet de laquelle étaient sculptées deux têtes, l'une tournée vers le nord, et l'autre vers le sud. La première représentait les traits de Pythéas qui a découvert les contrées boréales, la seconde, ceux d'Euty- mènes qui, naviguant vers le midi, explora les côtes occiden- tales de l'Afrique jusqu'au fleuve Sénégal. Cette colonne com- mémorative a été rasée par suite des exigences de la douane ; elle a dû faire place aux balles de coton, aux barils de casso- nade, aux innombrables marchandises arrivant de tous les points du globe. Les Marseillais, en cédant aux nécessités de leur prospérité commerciale toujours croissante, ont observé religieusement le culte dû aux ancêtres, puisqu'ils ont placé les statues des deux illustres représentants de l'antique cité phocéenne, l'une à droite, l'autre à gauche de la belle façade de la nouvelle Bourse. C'est du premier de ces deux grands hommes que j'ai l'intention de parler.

Sa biographie. — C'est en l'an 380 avant l'ère chrétienne que Pythéas est né à Marseille. Fondée par une colonie phocéenne, cette ville n'avait alors que deux cent vingt ans d'existence, mais déjà elle brillait du plus vif éclat. Elle était la rivale d'Athènes par le culte des lettres, des sciences et des arts ; de Carthage, par sa richesse et l'étendue de son commerce ; de Rome, par la sagesse de ses lois. Né d'une famille pauvre, Pythéas trouva dans sa ville natale toutes les ressources pour satisfaire son goût pour les sciences. Il s'adonna spécialement à l'astronomie et à la géographie, et fit dans ces deux sciences de nombreuses découvertes, dont les plus importantes sont la détermination de la latitude de Marseille et la mesure de l'obliquité de l'éclip- tique sur l'équateur. Il inspira par son savoir, à ses concitoyens, une confiance si grande, que lorsque la république de Mar- seille eut décidé qu'un voyage scientifique serait fait à ses frais, et en son nom, dans le but d'explorer les mers du nord, elle donna à Pythéas la conduite de cette grande entreprise. Il partit de Marseille, suivant les côtes orientales de l'Espagne jusqu'à Gibraltar ; puis remontant vers le nord, en côtoyant le Portugal et la France, il entra dans la Manche, suivit les côtes orientales de la Grande-Bretagne, et, lorsqu'il fut arrivé à sa partie la plus septentrionale, s'avançant vers le nord, il arriva jusqu'à l'île de Thulé, où il constata que la durée du jour solsticial était de vingt-quatre heures.

Ce voyage maritime n'est pas le seul qu'ait fait Pythéas : il en entreprit un second vers le nord-est de l'Europe. Après avoir parcouru le même itinéraire que dans le premier jusqu'au canal de la Manche, il entra dans la mer du Nord, et de celle-ci il pénétra par le détroit du Sund dans la mer Baltique, et explora cette mer jusqu'à l'embouchure du Tanaïs.

Il rapporta de ce double voyage une riche récolte d'observations, et tous les éléments nécessaires pour déterminer les positions géographiques des points qu'il avait visités. Il donna des preuves démonstratives de la sphéricité de la Terre par les changements des aspects du ciel à mesure qu'on s'avance vers le nord ou qu'on descend vers le midi, fit une description précise et détaillée des étoiles de l'hémisphère nord, et donna la mesure de la latitude des régions boréales en désignant les étoiles circompolaires qui, dans ces régions, n'ont ni lever ni coucher.

Ses ouvrages. — Ces précieux résultats, ainsi que plusieurs autres non moins intéressants, sur la physique du globe, l'histoire naturelle, le commerce et les mœurs des peuples, il les consigna dans deux ouvrages ayant pour titre : le premier, *Description de l'Océan,* le second, *Période.* Ces deux ouvrages, écrits en grec, sont maintenant perdus ; mais ils ont existé pendant plus de huit cents ans, puisqu'on les possédait encore au v⁰ siècle de notre ère, au temps d'Étienne de Byzance ; ils ont donc été entre les mains des savants pendant une période de huit siècles.

Opinion des savants sur Pythéas. — Il y a deux manières de connaître la doctrine d'un auteur : la première, directe, résulte de l'étude de ses écrits ; la seconde, indirecte, mais non moins sûre, résulte de l'étude des traces qu'elle laisse dans les écrits de ses successeurs. Le grand savant qui a révélé les lois de la nature, ne meurt pas tout entier, pas plus que le grand poëte qui en a chanté les harmonies ; leurs livres sont lus et commentés par ceux qui les suivent ; ils ont, l'un et l'autre, leurs admirateurs et leurs critiques. Exalté ou réfuté, leur enseignement laisse une trace profonde à travers les siècles, dans

les écrits postérieurs. Pythéas a laissé, lui aussi, cette noble
trace. Pendant les huit siècles qui l'ont suivi, alors que ses
écrits étaient dans les mains de tous, presque tous les auteurs
qui ont traité de l'astronomie et de la géographie, l'ont cité
dans leurs livres. Les premiers philosophes, parmi lesquels
Aristote, les plus grands astronomes, Ératosthène, Hipparque,
belles figures de l'école d'Alexandrie, ont noté ses observations, exalté ses méthodes, n'hésitant pas à les faire servir de
base à d'importantes déterminations. Les critiques les plus
habiles et les plus sévères ne lui ont pas non plus fait défaut :
l'historien Polybe a rejeté ses voyages comme de pures fictions,
et le géographe Strabon l'a appelé le plus menteur des hommes,
après avoir nié ses calculs ; mais, chose étonnante ! ils ont plus
contribué à nous faire connaître ses découvertes par leurs pré-
tendues réfutations que ses admirateurs eux-mêmes, par leurs
éloges les plus justes. *Salutem ex inimicis nostris.*

Ses travaux astronomiques. — Les travaux astronomiques
de Pythéas sont : la détermination de l'obliquité de l'écliptique
sur l'équateur, la mesure de la latitude de Marseille, le calcul
des coordonnées géographiques des principaux points de l'Espagne, du Portugal, de la France, de l'Angleterre, la description du ciel boréal, la sphéricité de la Terre.

Latitude de Marseille. — Pythéas mesure, à l'époque des
équinoxes, le rapport de la longueur de l'ombre donnée à
midi, à Marseille, par un style vertical, au gnomon ; il trouve
que ce rapport est de 120 à 111, et comme, d'une autre part,
ce rapport est la tangente trigonométrique de la hauteur de
l'équateur au-dessus de l'horizon, il obtient pour cette hauteur

$$46° 43' 45''.$$

La latitude de Marseille étant le complément de cette hauteur, il trouve pour cette latitude

$$43° 16' 15''.$$

Obliquité de l'écliptique l'an 350 avant Jésus-Christ. — A
l'époque du solstice d'été de la même année, il trouve que
dans la même ville le rapport de l'ombre solsticiale au gnomon
est de 120 à 42 — ¼ ; de là il conclut, comme précédemment,
qu'à midi la hauteur du point solsticial au-dessus de l'horizon est

$$70° 31' 39''.$$

Or, l'obliquité de l'écliptique sur l'équateur n'est autre chose que la différence entre les hauteurs méridiennes du point solsticial et de l'équateur ; cette différence est ici

$$23°47'54''.$$

Ce nombre exprime donc l'obliquité de l'écliptique sur l'équateur, l'an 350 avant Jésus-Christ.

Exactitude des observations. — L'endroit où Pythéas a fait ses observations correspond, comme cela sera démontré plus loin, à la place qu'occupe l'église de la Major, consacrée à Sainte-Marie-Majeure. Or, si nous prenons la latitude de la Major, obtenue par les officiers d'état-major chargés de la Carte de France. . . . . 43° 17' 56''
et si nous en retranchons la latitude. . . . . 43° 16' 15''
trouvée par Pythéas, nous obtenons pour différence $\overline{\qquad 1' 41''}$
laquelle se trouve dans les limites des erreurs que comporte le mode d'observation de Pythéas ; ainsi, cette première observation est exacte.

Passons à l'obliquité de l'écliptique. L'obliquité de l'écliptique est un élément variable d'une année à l'autre, d'après une loi qu'on ne peut pas deviner, car la connaissance de cette loi résulte des progrès les plus récents de la Mécanique céleste. Soumettons l'observation de Pythéas à ce contrôle puissant et inespéré.

D'après la formule de Laplace, l'obliquité de l'écliptique sur l'équateur en l'année 350 avant Jésus-Christ était. 23° 46' 06''
Or, d'après Pythéas, elle est. . . . . 23° 47' 54''
dont la différence se trouve. . . . . $\overline{\qquad 1' 48''}$
Cette seconde observation a donc toute l'exactitude désirable.

Authenticité des observations. — Strabon, qui vivait dans le siècle d'Auguste, 400 ans après Pythéas, conteste l'authenticité de ses observations. Voici par quel raisonnement il prétend la détruire.

Hipparque (140 ans avant Jésus-Christ), en comparant le rapport de l'ombre solsticiale au gnomon dans la ville de Byzance, a trouvé que ce rapport était de $42 - \frac{1}{4}$ à 120 ; or, Pythéas a trouvé le même rapport pour la ville de Marseille. De là résulte que la ville de Marseille est sur le même parallèle que Byzance ; mais c'est là une chose très-inexacte, Marseille étant beaucoup plus méridionale que Byzance. Pythéas nous a donc trompés, et en cela il n'y a rien d'étonnant, puisqu'il nous a trompés sur tant d'autres choses.

Cette prétendue réfutation est elle-même une des plus fortes preuves que l'observation dont il s'agit est bien de Pythéas.

Strabon, en effet, commet trois erreurs : il suppose que le

rapport de l'ombre solsticiale au gnomon, attribué à Hipparque, est exact pour la ville de Byzance, tandis que ce rapport
y est inexact. Il affirme que le même rapport est faux pour la
ville de Marseille, tandis qu'il y est vrai; enfin, il dit que Marseille est plus méridionale que Byzance, tandis que c'est le
contraire qui a lieu, cette dernière ville étant plus méridionale que la première de plus de 2 degrés.

De là résultent deux impossibilités aussi palpables l'une que
l'autre : la première, que l'observation d'Hipparque à Byzance
ait jamais eu lieu, car il est absurde de mettre sur le compte
d'un observateur tel que ce grand astronome une erreur de
2 degrés; la seconde, que l'observation de Pythéas à Marseille n'ait pas été faite, car il est encore plus absurde de
mettre sur le compte d'un prétendu ignorant, tel que Pythéas,
une précision allant jusqu'à la seconde, dans une observation
imaginée.

Pour comprendre l'acharnement de Strabon dans ses atta-
ques contre le Marseillais Pythéas renouvelées sans cesse sous
diverses formes, il faut se rappeler qu'au temps de Strabon,
le système géographique d'Ératosthène régnait depuis plus de
trois cents ans, reposant sur cette base que Marseille et Byzance étaient situées sur le même parallèle. Ce système fut
renversé par Strabon, qui lui en substitua un autre ayant pour
fondement que Marseille est plus méridionale que Byzance, ce
qui modifiait les positions des différents points du globe
connu des anciens. Or, Hipparque qui vivait 150 ans avant Strabon, et qui admettait les idées géographiques d'Ératosthène sur
la position du parallèle fondamental passant par Marseille et
par Byzance, avait affirmé, comme conséquence de cette doctrine, que, si l'on mesurait à Byzance le rapport de l'ombre
solsticiale au gnomon, on trouverait le rapport que Pythéas
avait trouvé à Marseille. Placé entre l'affirmation d'Hipparque
et l'observation de Pythéas, Strabon était forcé, pour conserver
son système, de rejeter l'une ou l'autre. Or, regardant l'affirmation d'Hipparque comme le résultat d'une observation déjà
faite, tandis qu'elle n'était que l'indication d'une observation
à faire, il ne crut pas devoir rejeter cette affirmation; il se
trouva donc contraint de nier l'observation de Pythéas.

Il sera montré bientôt combien les conséquences de ce
choix furent fâcheuses pour ses déterminations géographiques.

*Importance de l'observation de Pythéas relative à la lati-
tude de Marseille.* — La détermination de la latitude de Marseille avait pour Pythéas une grande importance, puisque cette
latitude devait servir de base au calcul des latitudes des autres
villes. Voici le procédé qu'il suivait. Dans son voyage scientifique de Marseille en Islande par Cadix, il calcule, par les

journées de marche, la distance qu'il a parcourue d'un point à un autre, du nord au sud ou inversement. Connaissant la longueur du degré, il détermine par une simple règle de trois les latitudes des différents points. Les latitudes calculées par Ératosthène et Hipparque, d'après les données fournies par les observations de Pythéas, se trouvent être d'une exactitude suffisante.

Ératosthène employa une méthode analogue, mais perfectionnée, pour obtenir les positions géographiques d'un plus grand nombre de points du globe. Partant de son principe que Marseille et Byzance sont sur le même parallèle, il mesurait les distances de ces divers points à ce parallèle, et il en déduisait les positions cherchées. Or, la latitude de Marseille était exacte, mais il n'en était pas de même de celle de Byzance; mettre cette dernière sur le même parallèle que Marseille, c'était élever Byzance de plus de 2 degrés. La position de la ligne qui lui servait de base étant fautive en l'une de ses extrémités, il en résultait que les positions des villes, obtenues par ce procédé, étaient plus ou moins inexactes. Mais les positions que leur attribua Strabon par le même procédé, le furent bien davantage. En effet, Strabon conserve pour Byzance la latitude de Marseille, ce qui revient à élever Byzance de plus de 2 degrés au-dessus de sa vraie position; il donne à Marseille une latitude inférieure, ce qui revient à abaisser cette ville sur la sphère, de sorte que, pour corriger l'erreur d'Ératosthène, il en commet deux. La ligne qui sert de base à ses opérations se trouve donc fautive en ses deux extrémités, et, par suite, les coordonnées géographiques se trouvent encore plus altérées que celles données par Ératosthène. Nous avions donc raison de dire que Strabon ne fut pas bien inspiré lorsqu'il rejeta l'observation de Pythéas, et que les conséquences en furent fâcheuses pour son livre de géographie.

De ce qui précède, il est bon de tirer quelques conséquences en l'honneur de l'astronome phocéen et de la cité phocéenne:

La première, que Marseille a été une des premières villes dont on ait connu exactement la position géographique;

La seconde, que lorsque la latitude de Byzance capitale d'un vaste empire, et que celles d'autres grandes villes, n'étaient pas connues, la latitude de Marseille était rigoureusement déterminée;

La troisième, que si les positions de quelques points importants, tels que Rhodes, Alexandrie, Syène, furent aussi rigoureusement déterminées, ce ne fut que beaucoup plus tard, et que pour cela, il fallut l'apparition d'hommes du plus haut mérite, d'Ératosthène, 250 ans avant l'ère chrétienne, d'Hipparque (140 avant cette ère), à côté desquels Pythéas se place naturellement.

Importance de l'observation de Pythéas relative à l'obliquité de l'écliptique (35o avant Jésus-Christ). — A la mesure de l'obliquité de l'écliptique sur l'équateur, s'attache un intérêt encore plus grand qu'à la mesure de la latitude de Marseille. En effet, un des plus beaux résultats auxquels la Mécanique céleste soit arrivée, est la grande loi des variations des éléments du mouvement elliptique.

Lorsque Newton eut découvert le principe de la gravitation universelle, il ne tarda pas à reconnaître qu'en vertu de l'attraction des planètes sur le Soleil, et l'attraction réciproque de ces corps, le mouvement elliptique était troublé, et il énonça cette proposition affligeante, que le système planétaire tendait d'une manière lente, mais sûre, vers sa ruine, à moins que la main réparatrice de Dieu ne vînt rétablir l'ordre.

Cette opinion de Newton n'était pas honorable pour le Créateur, puisqu'elle en faisait un ouvrier ordinaire, qui, disposant de la matière et des forces, ne pouvait pas donner une existence durable au mécanisme de son ouvrage, et était obligé de le retoucher de temps à autre, pour empêcher sa destruction.

C'est principalement aux astronomes français que revient la gloire d'avoir montré que l'ouvrage du Créateur ne tend nullement vers sa ruine, qu'il est véritablement divin, parce qu'il possède à la fois l'ordre et la stabilité, que la main réparatrice de Dieu n'est autre chose que l'attraction elle-même.

Les éléments elliptiques des planètes sont variables, mais leurs variations sont lentes, et restent comprises dans des limites très-petites, de sorte que les conditions d'existence des habitants d'une planète ne seront pas altérées.

En ce qui regarde la Terre, l'inclinaison de l'écliptique sur l'équateur n'est pas constante ; elle est variable, mais cette variation n'est pas progressive ; ce n'est autre chose qu'une très-petite oscillation de 3 degrés environ autour d'une position moyenne, et la durée de cette oscillation est excessivement longue. Le plan de l'écliptique oscille comme un pendule, avec cette différence que le pendule terrestre bat la seconde, tandis que le pendule écliptique bat une centaine de siècles. En astronomie le temps n'est rien ; la parole du Psalmiste a toute son application : « Ecce mille anni tanquam dies hesterna », mille ans sont comme la journée d'hier. Ces deux pendules, qui sont si différents par la durée de l'oscillation, ont quelque chose de commun, c'est la petitesse de son amplitude. De là résulte que l'écliptique n'a jamais coïncidé et ne coïncidera jamais avec l'équateur ; que cet état, imaginé par quelques géologues pour expliquer les cataclysmes de notre planète, est une puérilité, cette coïncidence étant tout à fait contraire au mode d'action des forces qui agissent sur notre planète, et y

maintiennent l'équilibre. La loi de la variation de l'obliquité
de l'écliptique est due à Laplace. Mais en astronomie il ne
suffit pas d'énoncer une loi, il faut la vérifier ; plus elle est
surprenante et inespérée, plus elle a besoin de contrôle. Pour
la vérification de la loi citée, il faudrait le concours de plusieurs siècles, il faudrait surtout pouvoir compter sur l'exactitude des observations.

Quelle est la plus ancienne observation faite en Europe ?
Quelle est celle, faite dans cette partie du monde, qui mérite
de figurer la première sur le catalogue d'observations discu-
tées avec tant de soin par Laplace et inscrites dans sa *Mécanique céleste*, Almageste moderne, destiné à traverser les siècles comme celui que nous a légué Ptolémée ? C'est l'observation de Pythéas, c'est celle dont nous avons parlé, qui se
rapporte à l'année 350 avant Jésus-Christ. Il est vrai qu'il y en
a une antérieure, mais elle ne fut point faite en Europe, elle
fut faite en Chine, en l'an 1100 avant Jésus-Christ, par l'astronome Tcheou-Koung.

En inscrivant de siècle en siècle les bonnes observations de
l'inclinaison de l'écliptique sur l'équateur, Laplace a reconnu
qu'elles rentrent toutes dans l'ordonnance de sa formule. Depuis le xie siècle avant Jésus-Christ jusqu'à nos jours, l'inclinaison de l'écliptique diminue. Toutes les existences humaines
qui se sont écoulées depuis trois mille ans, sont comprises
dans une oscillation du pendule écliptique, et cette oscillation
dure encore ; l'oscillation suivante, qui doit être faite en sens
contraire, ne commencera que quelques siècles plus tard. Le
Marseillais Pythéas pouvait-il aspirer à un plus grand honneur
que de voir son nom à jamais lié à cette grande et belle loi, qui
fait l'admiration de ce qu'il y a d'intelligent dans le monde ?
Est-il assez noblement vengé du mépris qu'il a inspiré à
Strabon, par les éloges des deux plus grands astronomes de
l'antiquité ou des temps modernes, Hipparque ! Laplace !

Lieu où ont été faites les observations de Pythéas. — Nous
trouvons dans l'*Attraction des montagnes* du baron de Zach
une dissertation sur le lieu où ont été faites les observations
de Pythéas. Nous savons quelle était la position de la ville de
Marseille du temps de Jules César ; il nous la désigne lui-même
dans son second livre *De bello civili* : « Massilia fere ex tribus
» oppidi partibus mari alluitur : reliqua quarta est, quæ
» aditum habet a terra. Hujus quoque spatii pars ea quæ ad
» arcem pertinet, loci naturâ et valle altissimâ munita, longam
» et difficilem habet oppugnationem. » Strabon, dans son livre IV de la *Géographie*, décrit dans les termes suivants la
position de la ville : « Massilia sita loco saxoso, portum habens
» subjectum, theatri formâ, cavato saxo, austro obversum.

» Cum portus, tum ipsa urbs præclare ædificata est, justæ
» magnitudinis. In arce est Ephesinæ et Apollinis Delphinii
» fanum. »

Ces passages font voir que l'ancienne Marseille était bâtie
au nord de son port, et que le temple de Diane d'Éphèse et
celui d'Apollon Delphien étaient situés dans la citadelle. La
tradition place ce temple de Diane à l'endroit où se trouve
située aujourd'hui l'église de la Major, bâtie avec les débris
de ce temple en l'année 207, et le temple d'Apollon dans le
lieu où était située l'ancienne abbaye de Saint-Sauveur, fondée
l'an 420 par saint Cassien.

Les monuments confirment cette opinion; car les fondements du temple de Diane ont été trouvés dans le jardin du
prévôt de l'église de la Major, d'après lesquels on a reconnu
que l'édifice était circulaire, comme les temples grecs; et les
fondements du temple d'Apollon ont été trouvés à la place de
Lenche. Les caves antiques de l'abbaye de Saint-Sauveur qu'on
y a découvertes, portent des inscriptions faisant mention d'un
collége de prêtres d'Apollon.

A la tradition, aux monuments s'ajoute l'induction. En
effet, César (*De bello civili*, lib. II) rapporte au sujet du fa-
meux combat naval que les Marseillais donnèrent contre ses
vaisseaux, que Trebonius, son lieutenant, voyait de son camp
les enfants, les femmes, les vieillards allant aux temples des
immortels, levant les mains au ciel, et implorant leur assis-
tance pour le succès de la bataille. Or, le camp de César était
situé sur les hauteurs du Lazaret. Tout cet emplacement a
conservé le nom de *Joliette, Julietta, Julii statio.* De ce seul
endroit, on pouvait découvrir à la fois et le terrain de la Major,
et celui de Saint-Sauveur, où étaient les temples de Diane et
d'Apollon, parce que, dans tout autre endroit, la montagne du
Roc des Moulins, celle de la *Plate-Forme* et la colline du
Panier bornent la vue pour découvrir ces deux terrains. Les
Grecs bâtissaient toujours leurs temples isolés, et avec de grandes places au devant. La Major n'était pas, comme elle est aujourd'hui, sur le bord de la mer, mais au centre de la ville.
Ces temples étaient les seuls édifices qui eussent une certaine
élévation, car les maisons, suivant l'usage du temps, n'étaient
que d'un seul étage. Il est donc d'une grande probabilité que
Pythéas avait établi son gnomon dans l'un de ces deux temples, dont la différence des latitudes n'est que de 8 secondes.
Cette différence est d'un ordre moindre que les erreurs possi-
bles dans ce genre d'observation. Il est donc indifférent de
prendre l'un ou l'autre de ces deux points pour lieu d'observation. D'ailleurs, comme la ville ancienne s'étendait vers l'est,
et était à peu près comprise entre les parallèles de Saint-Sauveur et de la Major, on voit qu'en quelque endroit de la ville

que l'observation ait été faite, elle donnera toujours une latitude très-voisine de la latitude de l'un de ces deux parallèles.

Conclusion. — Dès la fondation de la colonie phocéenne, l'école de Marseille devint célèbre; elle ne tarda pas à se placer par son enseignement à côté des plus grandes écoles de la Grèce et de l'Égypte. Elle fut pendant plusieurs siècles le siége des sciences, la régulatrice des bonnes études, *sedem* et *magistram studiorum Massiliam* (Tacite, *Agric.*, IV). De l'étude que nous venons de faire sur Pythéas, il résulte qu'il fut l'un des plus grands représentants de cette illustre école, qu'il ne le céda en rien aux savants les plus estimés de l'antiquité. Auteur des plus belles recherches, il ouvrit la voie à des recherches non moins belles. Comme Ératosthène, comme Hipparque, il a dans l'histoire de l'astronomie une place que personne ne peut lui ravir. Tant que l'étude du ciel et des grandes lois qui régissent les corps célestes captivera l'intelligence humaine, le nom de Pythéas vivra et sera prononcé avec vénération.

Paris. — Imprimerie de Gauthier-Villars, rue de Seine-Saint-Germain, 10.

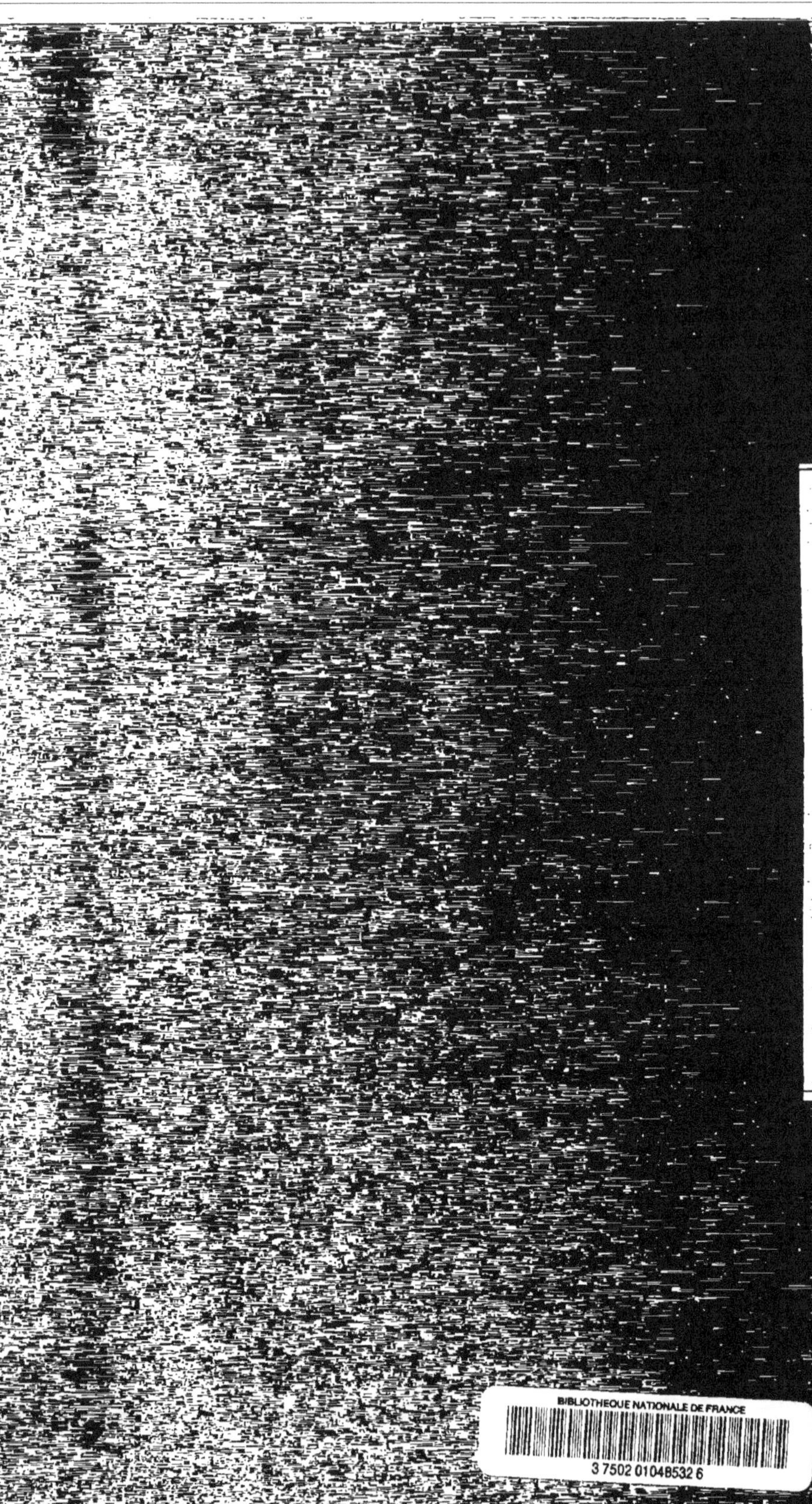

BIBLIOTHEQUE NATIONALE DE FRANCE
3 7502 01048532 6